Nancy
1866

Schiller, Frederich von

Le chant de la cloche

ou le poème de la vie

Tome

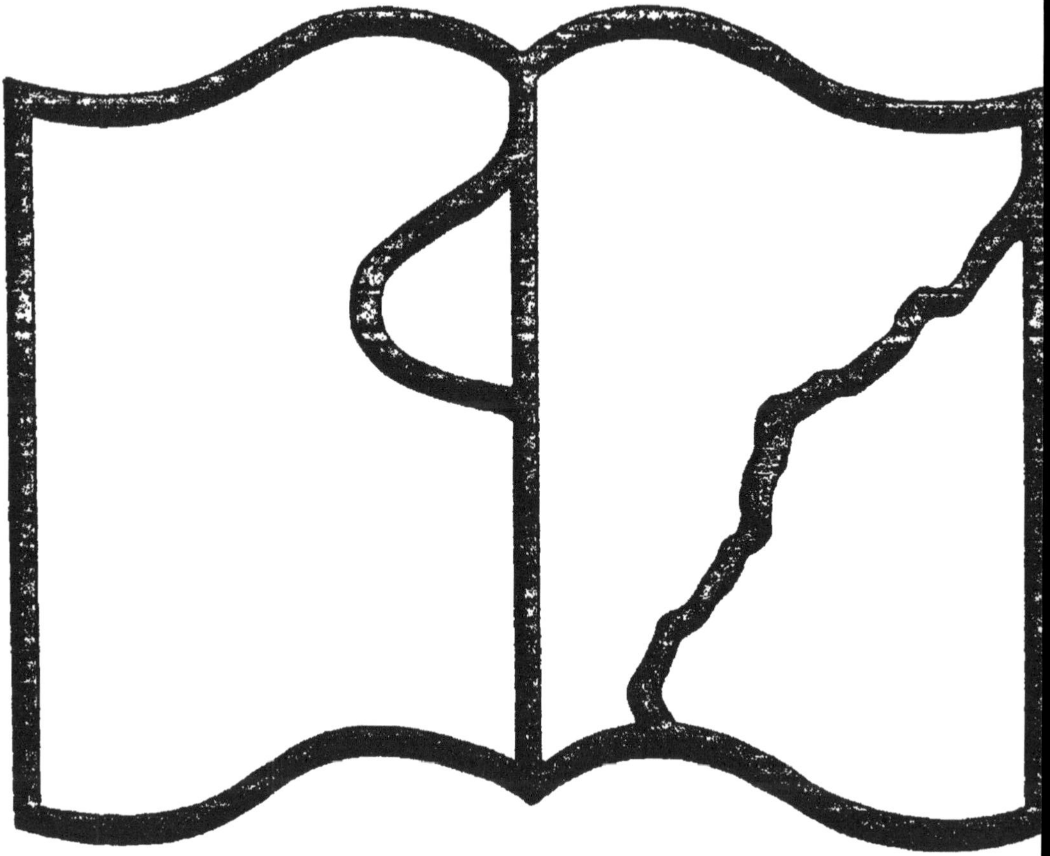

Symbole applicable
pour tout, ou partie
des documents microfilmés

Texte détérioré — reliure défectueuse

NF Z 43-120-11

Symbole applicable
pour tout, ou partie
des documents microfilmés

Original illisible

NF Z 43-120-10

LE

CHANT DE LA CLOCHE

OU

LE POËME DE LA VIE,

Par SCHILLER.

HISTOIRE ET TRADUCTION

DÉDIÉES

A S. A. LE PRINCE IMPÉRIAL,

PAR

JULIEN DUCHESNE,

Membre de l'Académie de Stanislas, Professeur au Lycée de Nancy,
Officier de l'Instruction publique.

NANCY
IMPRIMERIE ORIENTALE DE Vᵉ RAYBOIS

1866

LE

CHANT DE LA CLOCHE

OU

LE POÈME DE LA VIE.

(*Extrait des Mémoires de l'Académie de Stanislas 1866.*)

NANCY, imprimerie de Vve RAYBOIS, rue du faub. Stanislas, 3.

LE

CHANT DE LA CLOCHE

OU

LE POËME DE LA VIE,

Par SCHILLER.

—

HISTOIRE ET TRADUCTION

DÉDIÉES

A S. A. LE PRINCE IMPÉRIAL,

PAR

JULIEN DUCHESNE,

Membre de l'Académie de Stanislas, Professeur au Lycée de Nancy,
Officier de l'Instruction publique.

NANCY

IMPRIMERIE ORIENTALE DE Vᵉ RAYBOIS

1866

A S. A. LE PRINCE IMPÉRIAL.

PRINCE, enfant bien-aimé de l'Élu de la France,
Dans vos frais souvenirs vous revoyez encor
Le baptême récent, l'Église de Plaisance
Et votre Cloche aux reflets d'or ;

Les flots d'encens, les fleurs, la Vierge souriante,
Près du bronze paré tout un peuple à genoux,
Et notre Bossuet de sa voix éloquente
Priant pour la patrie et vous ;

Votre MÈRE inclinée, et dans son cœur fidèle
Recueillant tous les vœux sans rien garder pour soi ;
Votre PÈRE muet, enveloppé comme Elle
Dans sa tendresse et dans sa foi !...

Lorsqu'il rendait à Dieu ce gage de victoire
Consacré par le prêtre et par des noms chéris,
C'est que, pour son enfant, Il voulait dans Paris
Faire chanter la Paix par la voix de la gloire;
La paix, qu'en s'opposant à tant de chocs divers,
Sa grande âme espérait fonder dans l'univers!..

Eh bien! ce même vœu d'union, d'harmonie,
La Cloche de Schiller l'exprime avec splendeur :
L'orage où se débat la vieille Germanie,
Son cœur le pressentait, — et son pieux génie
Pour notre âge d'avance invoquait le Seigneur...

J'osai, modeste fils de la fière Lorraine,
Conquérir pour nos vers cette œuvre souveraine,
Chant de Paix, de Travail, d'Ordre et de Charité.
Prince, c'est bien par vous qu'il doit être adopté :
Concorde, honneur, bonté, courage, élans sublimes,
Voilà ce qu'il enseigne, et ce sont vos maximes.
Formé loin des flatteurs par des soins généreux,
Patron déjà béni de tous les malheureux,
Épris du beau, du juste, et brillant d'espérance
Comme une jeune aurore accordée à la France,
Vous couronnez pour nous d'un immense avenir
Le règne radieux qu'un père vient d'ouvrir!...

A mon œuvre de Paix veuillez sourire, Prince,
Et ne dédaignez pas ma Cloche de province :
Souffrez, pour lui porter bonheur,
Qu'aujourd'hui je vous la dédie.
Votre FILLEULE, illustre sœur,
Lui paraît bien digne d'envie :
Celle-là peut, soir et matin,
Sans crainte sonner dans la vie :
Deux noms bénis du ciel assurent son destin.
La mienne que rien ne protége,
Avant d'éclore aux yeux de tous,
Aspire au même privilége :
Mon Prince, nous adoptez-vous ?...

Julien DUCHESNE,
(*Professeur au Lycée de Nancy*).

Juin 1866.

LE

CHANT DE LA CLOCHE

OU

LE POËME DE LA VIE,

PAR SCHILLER.

HISTOIRE ET TRADUCTION.

Ces simples mots, *Le Chant de la Cloche*, n'éveillent-ils pas dans les cœurs tout un monde de tableaux, d'émotions, de souvenirs? La Cloche prête sa voix aux scènes les plus humbles ou les plus imposantes de la vie : elle ne chante pas seulement les phases ordinaires des plus obscures existences, la naissance, le mariage, la mort; elle préside aux fêtes nationales, aux solennités saintes; elle rend hommage aux Souverains et remercie Dieu de leurs victoires; mais aussi elle hurle avec les multitudes soulevées et répand au loin leurs menaces comme leurs prières. Commenter cette voix immense et multiple, c'est donc dérouler sous tous ses aspects le cycle varié de la destinée humaine, individuelle, religieuse, domestique, sociale.

Nul ne l'ignore, la sympathique et puissante inspiration de Schiller a glorieusement rempli ce programme, et, lorsqu'en 1800, parut cette Ode intitulée modestement *la Cloche*, une admiration unanime la salua bientôt de son vrai nom, *le Poëme de la Vie*.

Sous ce titre, elle demeure en Allemagne l'objet d'un culte patriotique et d'une admiration passionnée : nos voisins y trouvent la plus fidèle expression de leurs mœurs, de leur génie, de toute leur âme. C'est, dans leur littérature si riche en productions lyriques du même ton, le joyau favori : tous les arts l'ont popularisé. Sur la Cloche, Retzsch et Romberg composèrent, l'un ses dessins les plus pathétiques, l'autre sa partition la plus célèbre. Il y a sept ans à peine, quand, par une de ces fêtes séculaires, gages de l'éternité des sentiments chez les grandes nations, l'Allemagne glorifiait la naissance de son poëte bien-aimé, dans les innombrables concerts dont Marbach et Weymar avaient donné le signal, la place d'honneur fut réservée partout au Chant de la Cloche : elle devint comme le centre de cette vaste manifestation qui, embrassant jusqu'aux plus lointaines colonies allemandes dispersées dans le monde, s'étendit de Moscou à Sidney, prophétique symbole de cette unité que la race germanique proclame obstinément, en attendant qu'elle sache la conquérir et la constituer.

Cette Ode vraiment nationale, le voyageur la trouve sur toutes les tables, dans toutes les mémoires : l'enfant la bégaie; l'adulte la déclame ou la chante; le vieillard la récite encore avec des larmes dans les yeux.

Mais ce n'est pas seulement, ni même surtout, la *vie allemande* qu'exprime cette œuvre si élevée, si pleine et pourtant si courte : c'est la *Vie humaine*. Schiller y résume notre histoire à tous. L'heureuse insouciance du premier âge, ce *matin doré* sur lequel veille une mère; l'humeur inquiète de la jeunesse; l'aube timide et sereine du véritable amour dans le cœur guéri des agitations stériles; les âpres luttes de l'âge mûr; les joies pures et sérieuses du ménage; le courage de l'homme soutenu par la riante vaillance et l'activité légère de la femme; les épreuves de la vie de famille; ses saintes douleurs; puis les émotions plus hautes du citoyen : voilà ce qu'une inspiration tendre et virile a su peindre avec une pénétrante simplicité : là, se multiplient sans profusion de délicieux tableaux d'intérieur, qui rappellent les plus charmantes pages de l'Odyssée, mais dont rien n'égale la touchante et religieuse expression. En même temps, se déroulent les grandes vues humanitaires qui avaient, de bonne heure, occupé l'écrivain mûri par l'étude de la philosophie et de l'histoire. Sans effort, le noble créateur de D. Carlos et de Posa trouve la chaleureuse éloquence, réservée à ces âmes généreuses et hautes qui savent s'attendrir, s'enflammer pour le genre humain considéré dans son ensemble. Le poëme de la Cloche est donc bien, par excellence, le *poëme de la vie*, c'est-à-dire de l'*Homme et du Cœur*.

Le caractère d'universelle vérité qui recommande une telle œuvre ne semblait-il pas lui assurer une prompte et facile introduction dans notre littérature, distinguée entre toutes par le sentiment profond de tout ce qui est *général* et *humain?*

Sans doute, ces aperçus élevés, ces peintures émues conviennent éminemment au génie de notre langue et de notre poésie : Mais cette composition, par l'extrême originalité du cadre et de la marche, oppose au traducteur les plus redoutables obstacles. Nous assistons à la fonte d'une Cloche : le maître ouvrier décrit les périodes du travail, et, par intervalles, il évoque les scènes auxquelles la Cloche s'associera du haut de sa tour. Nous voyons la Cloche et l'homme grandir, et en quelque sorte vivre, penser ensemble : drame ingénieux, mais singulier parallélisme dont notre goût s'étonne d'abord!

Ce n'est pas tout : cette conception place en regard d'une partie pathétique et morale une partie absolument technique, et l'on peut dire métallurgique, laquelle alterne constamment avec la première : l'artiste a représenté les phases successives et les divers procédés de la fonte avec l'exactitude d'un homme du métier ; souvent il prend le ton et la langue des travailleurs. Il s'était initié à leurs secrets par de longues heures passées dans une fonderie voisine de la jolie petite ville de Rudolstadt, son séjour favori, pays charmant qu'adorait son cœur et dont ses vers reflètent les beautés. On raconte que le poëte aimait à se mêler à la foule des ouvriers ; il contemplait leurs manœuvres d'un air rêveur qui les faisait sourire ; parfois il s'associait à leurs chansons avec la cordialité pensive du génie, et avec cette bonhomie germanique à laquelle nous osons trop rarement descendre, ou plutôt nous élever. Sans doute, dans son âme, murmuraient déjà ces strophes savantes et naïves dont le rythme agile, la sonorité bizarre nous font entendre tour à tour les sourds grondements du four embrasé, le bruissement des métaux qui s'unissent, les coups cadencés des marteaux, les pas précipités des travailleurs. Ces descriptions à la fois matérielles et animées, chimiques et musicales, sont rebelles aux étroites exigences de nos vers : une imposante autorité déclare même que cette portion de l'œuvre ne saurait être traduite en français ni même imitée : « Nous pourrions, dit Madame de Staël (1), traduire les pensées fortes, les belles images

(1) *De l'Allemagne*, chap. XIII.

qu'inspirent à Schiller les grandes époques de la vie; mais il est *impossible* d'imiter noblement les strophes en petits vers. » Je l'avoue, ce défi m'a servi comme un aiguillon; *l'impossible* m'a tenté; ou plutôt j'ai osé croire que ce qui était *impossible* en 1814, ne l'est plus un demi-siècle après, quand les hardis travaux et les conquêtes légitimes d'une nouvelle école littéraire ont élargi le goût public et enrichi la langue poétique de notre patrie.

Mais restent bien d'autres difficultés plus alarmantes : c'est une heureuse et touchante idée d'avoir placé le Chant de la Vie dans la bouche d'un obscur enfant du peuple : cet accent familier, ces formes de langage presque triviales, ces détails empruntés à la réalité la plus humble, s'accordent naturellement avec l'esprit de la poésie germanique. Dans la nôtre, ils créent mille dangers. Doit-on, sous prétexte de noblesse, altérer le ton simple et populaire qui se concilie, dans l'ode allemande, avec les plus sublimes transports du lyrisme? Non, sans doute. Mais pouvons-nous, sous prétexte de fidélité, manquer aux traditions sévères et délicates de notre littérature? Il y a là une difficulté qui échappe à toute règle précise, et que les inspirations du sentiment et du goût peuvent seules résoudre.

Seules aussi, elles peuvent dicter au traducteur les différentes sortes de vers qui correspondront mieux pour l'effet aux rythmes infiniment variés du poëme original. Ici, chaque tableau porte avec lui sa musique, ailée et toute frémissante d'allégresse pour célébrer la facile ivresse des premières années; tendre et vive, mais d'un mouvement à la fois rapide et régulier pour peindre l'incessante activité du ménage; mâle et vigoureuse, pour les efforts et les luttes du chef de famille; lente et monotone avec le glas funèbre; pressée, retentissante avec le tocsin de l'incendie ou de la révolte; large et majestueuse pour glorifier le rôle élevé et religieux de la Cloche. Ce n'est plus seulement le récit et le tableau, c'est la *Symphonie même de la vie.*

Je n'ai pas cru que le plus sûr moyen de traduire fidèlement tous ces effets fût de calquer partout, avec une exactitude matérielle, la mesure et les coupes de vers; ce serait s'exposer à de graves mécomptes. Le caractère musical d'une phrase poétique dépend en grande partie du son des syllabes, qui, des mots allemands aux mots correspondants français, diffère profondément. Suffirait-il, pour reproduire une mélodie, d'en calquer la construction et la longueur en changeant toutes les notes?

Evitant cette minutie trompeuse, je me suis réservé, ici encore, la liberté nécessaire. Ma règle suprême a été de m'associer intimement aux émotions du poëte, de m'en assimiler toutes les nuances, pour les exprimer enfin avec l'élan de l'originalité, selon le génie de notre versification et de notre langue. J'ai essayé de faire ce que Schiller aurait fait en français. — Un commerce prolongé avec une telle œuvre y révèle sans cesse tant de beautés nouvelles, que l'on éprouve tout ensemble l'impatient besoin de la faire bien connaître, et un sérieux désespoir de l'égaler. Jamais production ne fut une image plus complète et plus vraie de son auteur; jamais travail ne fut l'objet d'une persévérance plus passionnée, d'une plus jalouse prédilection. L'artiste en polissait les détails avec délices : bien tard seulement et à grand'peine, il se résigne à s'en séparer en la publiant. Il en avait conçu le projet au printemps de l'année 1788 : alors fixé dans le joli village de Volkstædt, non loin de Rudolstadt, en face des hauteurs boisées qui protègent le cours sinueux de la Saale, il venait de rencontrer la femme gracieuse et dévouée qui, deux ans après, devint la compagne de sa vie. Durant sept ans encore, défendu par le chaste bonheur du foyer contre les orages du cœur et des sens qui avaient troublé naguère la sérénité de son imagination, il laissa le Poëme de la Vie se construire en silence dans son âme apaisée. Ce mystère était pour lui plein de charmes : « Quelle belle existence je mène maintenant, » écrit-il à Kœrner (1er mars 1790); mon cœur trouve » hors de lui, sans cesse, un doux contentement : mon » esprit une si belle nourriture !.. Je sens en moi dé- » sormais un harmonieux équilibre. Je regarde partout » avec bonheur !... » La paix du cœur, l'ordre dans la vie, les saines inspirations de la famille hâtaient la maturité de son talent, sans en diminuer l'éclat, et fortifiaient en lui, avec la conscience du progrès, ce calme divin qui alla augmentant jusqu'au dernier soupir (1). Sept années s'écoulent ainsi, années fécondes en travaux de tout genre. La Cloche cependant continue à chanter dans l'âme recueillie du poëte, mais il n'est pas pressé de répandre cette harmonie au dehors. Il avait cette fière patience des hommes supérieurs, qui, dédaignant les succès hâtifs, ne marchandent ni l'effort secret ni le temps, parce qu'ils sentent bien qu'ils travaillent pour l'immortalité. En 1797, Schiller écrit à Goëthe : « Je compte couver encore une année en moi ce sujet, » pour que cet ouvrage, qui n'est vraiment pas une » bagatelle, arrive à maturité. » L'année se termine sans

(1) On connait les dernières paroles de Schiller : « Comment vous trouvez-vous aujourd'hui ? » lui demandait Mme de Wolzogen : « Toujours plus calme !.. » dit-il. On pourrait comparer cette réponse au cri suprême de Goëthe : « De la lumière !.. toujours plus de lumière !... » mais celui de Schiller nous a toujours semblé supérieur en beauté morale.

La touchante histoire du perfectionnement de ce noble génie par la vie de famille a été retracée avec un charme extrême d'éloquence et de sensibilité par M. Ad. Régnier, de l'Institut, dans la notice qui ouvre sa belle traduction des œuvres complètes de Schiller (Paris, Hachette, 1859), et par M. le prince Albert de Broglie, dans une mémorable étude publiée par le *Journal des Débats* (7 et 8 août 1860).

que la Cloche paraisse. Elle ne verra le jour qu'un an après : mais alors le génie de l'écrivain vient d'atteindre toute la plénitude de son développement; il peut à cette heure se détacher de son poëme : il s'y est incarné tout entier.

Pour rendre avec la fidélité convenable, c'est-à-dire jusque dans les nuances les plus délicates, la force et le charme de ce langage, expression de l'âme la plus fervente et la plus douce qui fut jamais, il faudrait être Schiller lui-même. Je ne me flatte donc nullement d'avoir surmonté tant d'obstacles, bien que j'aie lutté avec mon poëte presque autant d'années que ce grand artiste avec sa propre pensée. L'espoir d'un triomphe complet n'est pas ce qui a soutenu mes efforts et ce qui enhardit enfin ma voix : mais je suis heureux de payer aujourd'hui devant tous mon pieux hommage au noble génie, à l'œuvre brillante et sainte, pour lesquels je professe depuis longtemps un culte sincère. C'est l'admiration qui a été mon appui, j'ai besoin de compter qu'elle sera mon excuse.

Maintenant je laisse parler l'orateur populaire que l'auteur de la Cloche a pris pour interprète.

LE CHANT DE LA CLOCHE.

Compagnons, le sol couvre encore
Le moule où descendra l'airain;
Mais, de ce cachot souterrain,
La Cloche aujourd'hui doit éclore.

Que de nos fronts ruisselle la sueur.
Au poste, enfants!.. Mais, pour que l'œuvre à naître
Honore vous, la ville et votre maître,
Invoquons tous avec foi le Seigneur!...

Il sied d'unir, en ce pieux ouvrage,
A la gaîté quelques mots sérieux :
Un bon propos rafraîchit le courage;
Un bras plus fort sert un cœur plus joyeux.
Donc, en notre âme, étudions d'avance
Ce qu'accomplit notre débile main :
Si l'homme est roi, c'est que l'homme seul pense;
Sans la raison, nul n'a droit qu'au dédain.

D'abord, aux fournaises avides
Prodiguez les branches arides
Dont s'est dépouillé le sapin. —
Laissez fondre le bain de cuivre. —
Qu'une main discrète lui livre
Un juste alliage d'étain.

La Cloche qu'humblement, dans le sein de la terre,
Les flammes et nos bras forment avec mystère,
S'élevant glorieuse au sommet de la tour,
A jamais chantera nos travaux de ce jour;
Comptera, sans vieillir, loin de l'âge où nous sommes,
Les générations et les douleurs des hommes.
Sa grave et douce voix, en priant dans les airs,
Aux pleurs des malheureux unira ses concerts;
Et tout ce que du sort les vagues incertaines
Jetteront, en passant, dans les foules humaines,
Ce vigilant écho saura le ressentir
Et sur l'aile des vents l'enverra retentir.

Des bulles montent sur la masse!
Notre coulée est en bon train;
Laissons quelques instants l'airain
Se bien pénétrer de potasse.
Gardez qu'une cendre grossière
Ne rende le timbre moins pur;
Gardez, amis, que rien n'altère
Cette voix vibrante et légère
Qui des cieux doit fendre l'azur.

Joyeuse, elle salue, au seuil de cette vie,
L'enfant dont la jeune âme est encore endormie:
Les jours de l'avenir, sombres ou radieux,
Sous les voiles du temps se cachent à ses yeux;
Mais sa mère, épiant sa première caresse,
Sur son matin doré veille en priant sans cesse. —

Le temps vole : — bientôt, loin de ses premiers jeux,
Loin des sœurs de son âge, en un monde orageux
Le fier adolescent se plonge; — il se sépare
Des siens; — aux bords lointains sa jeunesse s'égare;
Puis au foyer, enfin lassé d'un fol espoir,
Comme un morne étranger, il rentre et vient s'asseoir.

Mais un jour la vierge candide,
Honneur et grâce de ces lieux,
Devant lui, muette, timide,
Brille, fraîche image des cieux.

Un désir vague, une ardeur inconnue,
Flamme sans nom, remplit son âme émue :
Il promène ses pas rêveurs,
Loin du monde, loin de ses frères,
Par les bois, les monts solitaires,
Témoins sauvages de ses pleurs.
Il suit en rougissant, la trace qu'il adore;
Un modeste salut le comble de bonheur;
Fier d'un regard, pour embellir encore
La chaste enfant qu'en lui-même il implore,
Il dérobe au désert sa plus aimable fleur.

O jours de naïve espérance!
Jours de soleil! jours d'innocence!
Age divin du jeune amour!
Lorsqu'en nous le ciel se déploie,
Quand nos cœurs nagent dans la joie,
Pourquoi vous flétrir sans retour?

Déjà brunit l'éprouvette !
Je vois noircir les évents !
Amis, plongeons la baguette...
La fonte vitre !.. Il est temps !
Alerte !.. Mais, avant d'ouvrir une sortie
Aux flots d'airain, voyez d'abord,
Voyez si, par votre industrie,
L'exacte mesure marie
Le métal doux au métal fort.

La force et la douceur font seules l'harmonie :
Amants qui l'un à l'autre engagez votre vie,
Voyez bien si vos cœurs étaient nés pour s'unir :
Courte est l'illusion, long est le repentir !
Oh ! comme aux blonds cheveux de la vierge qui prie,
La guirlande d'hymen avec grâce s'allie,
Quand la Cloche argentine annonce dans sa tour
La fête des époux et le serment d'amour !
La passion se fane avec notre jeunesse ;
Puisse l'amour du moins, lorsque s'éteint l'ivresse,
Quand tombent la ceinture et le voile enchanteur,
Mûrir comme le fruit lorsque tombe la fleur !...

Pour l'homme commence un autre âge ;
De la vie affrontant l'orage,
Aux siens il doit avec courage
Dans le monde assurer leur part.
Habile et ferme par tendresse,
Il faut qu'il veille, qu'il s'empresse,

Que par l'énergie et l'adresse
Il subjugue enfin le hasard.

Mais Dieu bénit sa noble peine :
Les biens que le travail amène,
Au loin emplissant son domaine,
S'accumulent avec les ans.
L'ordre fait fleurir le ménage ;
Et sur le croissant héritage,
Charmant les soins qu'elle partage,
Règne la Mère des enfants.

La Mère au cercle de famille
Prodigue exemples et leçons,
Instruit, forme la jeune fille,
Modère les bruyants garçons.

Prompte ménagère,
Sous sa main légère
La maison prospère
Aime à s'agrandir :
Tout, par sa prudence,
Solide élégance,
Discrète abondance,
Vient s'y réunir.

Son pied souple guide
Le rouet rapide
Qui sans fin dévide

Ses fils murmurants :
La laine, la soie,
Son luxe et sa joie,
Dans vos flancs chatoie,
Coffrets odorants !

Sa main, qui jamais ne repose,
Choisit, fait reluire, dispose
Et gouverne tout sans efforts ;
Et, sous mille clefs vigilantes,
Au fond des armoires brillantes
Étage ses mille trésors.

Du seuil de la maison qui commande à la plaine,
Le père avec orgueil contemple son domaine,
Ses vergers tous en fleurs, ses greniers tous comblés,
Et jusqu'à l'horizon les vagues de ses blés :
« Ma fortune, dit-il, plus ferme que la terre,
» Ose du sort jaloux défier le tonnerre ! »
Il dit ; mais le malheur court vite, — et quel mortel
Enchaîna les destins par un pacte éternel ?...

La cassure est nette et blonde !...
Amis, c'est l'instant fatal !
Maintenant saute la bonde !
Lâchez les flots du métal.
Mais tous, lorsqu'il s'élance,
Répétons en silence
La pieuse sentence
Qui maîtrise le feu !

Qu'on ouvre l'orifice,
Que le fleuve jaillisse;
Remettons l'édifice
A la garde de Dieu!...

Voyez : la fonte serpente
Et, docile, suit la pente
De l'anse qui la conduit :
Écoutez : l'ardente lave
S'amoncelle et gronde, esclave
Du moule qui se remplit.

Ah! du feu mille fois la puissance est bénie
Tant qu'il nous sert dompté sous la main du génie!
Mais malheur, quand il peut, contre nous révolté,
Triompher dans sa force et dans sa liberté!
La flamme alors se venge, — et, soudain affranchie,
Par la ville en rumeur promène l'incendie. —
Le tocsin dans la nuit gronde, ébranlant sa tour;
Le ciel flamboie au loin, mais ce n'est pas le jour!...
La foule se rue,
Inondant la rue
Que remplit la peur,
Et voit, éperdue,
Monter vers la nue
La sombre vapeur.
L'affreuse colonne
Grandit, tourbillonne
En jets écumants;
Les vitres éclatent,

Les poutres s'abattent
Sur les murs fumants.
Tout fuit. Dans l'étable brûlante
Le taureau, muet d'épouvante,
Ose à peine, en tremblant, mugir;
Mais, bravant la mort, la fumée,
La mère s'élance, alarmée
Pour l'enfant qu'elle entend gémir.
Sans pitié, les flammes ondulent,
Dominant la chaîne où circulent
Les seaux chargés d'un vain secours :
Vainement les pompes avides
Font siffler leurs gerbes humides;
Le feu gagne; il monte toujours.
L'ouragan aux bruyantes ailes
Cherche, étend l'horrible brasier,
Fait pétiller mille étincelles
Jusqu'au fond du vaste grenier.
Blés, bois, récoltes, tout s'enflamme;
Les vents redoublent, et la flamme,
Montant vers le ciel bleu,
Semble loin de l'affreux cratère
En son vol emporter la terre,
Comme un géant de feu !...

L'homme aux arrêts de Dieu cède, — et, noble victime,
Contemple avec stupeur son œuvre qui s'abîme:
Maintenant, sous ce toit où riait le bonheur,
Séjournent l'aquilon, le deuil et la terreur,

Et le passant peut voir, par les fenêtres sombres,
Les nuages du ciel planant sur les décombres. —
Vers ce désert, tombeau de sa courte grandeur,
Le père tourne encore un regard de douleur,
Et puis sa main reprend le bâton de voyage :
Dans une sainte joie il puise le courage ;
Car, voici : tout tremblant pour ceux qu'aime son cœur,
Il les cherchait des yeux... — Tous sauvés!... — O bon-
[heur!...

Le bronze a rempli le moule :
La Cloche aux yeux de la foule
Va montrer son éclat d'or!...
Pourtant rien n'est sûr encor :
Si la fonte était mal coulée !
Si la forme s'était fêlée,
Ou si!... J'espère ; mais, qui sait?
Le mal peut-être est déjà fait!...

Au sein mystérieux de la commune mère
Nous confions notre œuvre, et le sein de la terre
Couvre aussi l'humble grain qu'un pieux laboureur,
Penché sur le sillon, recommande au Seigneur.
Un germe plus sacré descend au même asile,
Quand, cherchant sous la tombe un sommeil plus tranquille,
L'homme y vient, doucement par ses frères porté,
Attendre le réveil de l'immortalité!...

La Cloche, tristement au chant des morts mêlée,
Balance en gémissant sa lugubre volée ;

Quel voyageur encor vers le champ du repos
Lentement s'achemine au milieu des sanglots?
Ah! c'est la jeune mère et l'épouse sans tache
Qu'aux bras de son époux le noir Démon arrache :
Loin des petits enfants qui lui doivent le jour,
Qu'avait nourris son lait, qu'élevait son amour,
Elle part!... Pour jamais va dormir sous la terre,
Loin du toit qu'elle aima, celle qui fut la Mère,
La grâce du foyer, l'Ange de la maison!
Pour les siens plus de soins, plus de douce raison,
Plus rien! Car l'étrangère, insensible à sa perte,
Régnera sans amour dans la maison déserte!...

Laissons l'airain perdre encor sa chaleur :
Libre comme l'oiseau, que chacun se repose;
Jouez!.. du soir savourez la fraîcheur,
Enfants!... vous le pouvez : seul, le maître ne l'ose.
Compagnons, sous la feuillée
L'étoile invite aux plaisirs;
Seul, prolongeant sa veillée,
Le chef n'a pas de loisirs!...

Tel est l'Ordre ici-bas : par lui seul tout s'enchaîne,
Tout prospère et grandit dans la famille humaine :
Par lui, le voyageur, sans craindre le trépas,
Au fond des bois, le soir, presse gaîment le pas,
Sûr de s'asseoir bientôt dans sa douce chaumière.
L'Angélus teinte au loin le calme et la prière;
La chèvre, les grands bœufs au robuste poitrail

Suivent l'agneau, qui bêle aux portes du bercail :
Sur leurs essieux criards les chars de blé s'avancent ;
Gerbes d'or et bouquets dans les airs se balancent,
Et les fils du hameau, répétant leurs chansons,
Volent de toutes parts aux danses des moissons.
Les mille bruits du jour s'éteignent dans la ville ;
La rue au loin se tait, la place dort tranquille ;
Alors, dans la maison, sous la lampe du soir,
La famille causeuse en cercle vient s'asseoir ;
La porte des remparts se referme dans l'ombre,
Et, bien que le méchant rôde dans la nuit sombre,
Sans trouble, sans péril, les paisibles bourgeois
S'endorment jusqu'au jour sous la garde des lois. .

Fils du ciel, Ordre tutélaire,
L'homme dans ce monde jeté
A toi seul doit sur cette terre
Repos, bonheur et dignité :
Ta voix puissante, aux premiers âges,
Fit sortir des forêts sauvages
L'informe troupeau des humains :
Par toi les villes s'animèrent,
Et les grands peuples se formèrent
Façonnés sous tes fortes mains.

Du foyer la douceur bénie
Sous ta garde épure nos mœurs ;
Par toi l'amour de la patrie
Unit les bras, grandit les cœurs.

Nos mains fraternelles s'entr'aident,
Se confondent ou se succèdent :
Leur force augmente par l'accord.
Ton souffle, ô céleste Génie,
Nourrit cette immense harmonie
Et soutient le commun effort.

Fier de l'humble poste qu'il aime
Et qu'ennoblit la liberté,
Le maître, l'apprenti lui-même,
Brave un dédain non mérité.
Car, dans la foule où tout s'empresse,
La seule honte est la paresse;
Seul, le travail fait la grandeur.
Que le Roi soit fier de son trône;
Le travail est notre couronne
Notre métier est notre honneur.

O douce paix, sur cette ville
Arrête ton aile tranquille !.
Plane, plane sur nos hameaux !..
Que dans ce vallon solitaire
Jamais ne pénètre la guerre
Avec ses meutes de bourreaux !...
Que ce ciel, où du soir l'aimable pourpre ondoie,
Jamais ne perde, hélas ! l'or pur de ses couleurs,
Et, souillé des vapeurs du combat, ne renvoie
De nos bourgs embrasés les sinistres lueurs !

Maintenant le moule inutile
Doit tomber sous vos lourds marteaux :

Frappez! que la chape d'argile
Éclate et se brise en morceaux :
A la Cloche livrez passage;
Vos coups hâtent l'instant joyeux
Où de l'aspect de notre ouvrage
Vont jouir notre âme et nos yeux!

La Cloche, amis, quand le Maître l'appelle,
Peut, sans péril, de ses langes sortir;
Mais quel malheur quand le métal rebelle
Ose lui-même et trop tôt s'affranchir!
Plus prompt que la foudre, il éclate,
De sa prison sort, écarlate,
Comme d'une gueule d'enfer
Vomissant la mort et le fer!...

Quand la force brutale agit en souveraine,
Adieu tout œuvre d'art immortelle et sereine!
Quand règne la fureur chez un peuple indompté,
Adieu bonheur et gloire! adieu la liberté!

Malheur quand les haines civiles,
Couvant au cœur des nations,
Déchaînent enfin sur les villes
La lave des séditions!...
Secoué d'une main grossière,
L'airain, malgré lui menaçant,
Transforme sa voix de prière
En signal de meurtre et de sang!

« Liberté !... frappons !... plus de maîtres !...
» Fraternité !... la mort aux traîtres ! »
Hurlent de sauvages clameurs :
Le Club mugit, et sur la place
Où la foule en armes s'entasse,
Errent les bandes d'égorgeurs.
Des femmes, mégères atroces,
Dansent autour des échafauds,
Et voudraient sous leurs dents féroces
Déchirer des cœurs encor chauds.
Ces monstres, que nul frein n'arrête,
Des lois, des mœurs se font un jeu :
S'effaçant devant la tempête,
Le bon cède : le crime est Dieu !...

Tigre, ton réveil est terrible ;
Ta voix, lion, glace de peur ;
Mais des horreurs la plus horrible,
C'est encor l'homme en sa fureur !...

Lâches flatteurs du lion populaire,
Sans honte aux mains d'un aveugle-éternel,
Vous égarez le flambeau tutélaire
Que Dieu pour nous alluma dans le ciel :
Soyez maudits ! car la sainte lumière
Ne brille plus pour éclairer nos pas ;
Mais s'en va, torche meurtrière,
Incendier palais, chaumière,
Humbles maisons, vastes états !...

Victoire, compagnons!... Du bord à la couronne,
La Cloche, libre enfin, comme un soleil, rayonne :
Légendes, écussons, par leur nette splendeur,
Font briller pour toujours l'art savant du mouleur.

Quel bonheur le ciel m'envoie!...
Formez le cercle avec joie
Et, devant Dieu qui m'entend,
Pour notre fille chérie
Venez tous, l'âme attendrie,
Trouver le nom qu'elle attend!...

Venez! qu'avec respect chacun de vous s'approche;
Prions, et donnant tous le baptême à la Cloche :
Que son nom soit... Concorde! — A ce doux nom de paix,
O notre enfant bénit, sois fidèle à jamais.
Élevée au-dessus des vains bruits de la terre,
Va lancer tes accords au séjour du tonnerre;
Joins ta grave harmonie au cantique éternel
De tous ces globes d'or, tes voisins dans le ciel!
Que le temps, dans son vol, te frappe heure par heure :
Sois calme comme lui!... Que ta haute demeure
Chante l'ordre, la paix, le travail et l'amour!...
Puisse ta voix, légère et triste tour à tour,
Mais toujours résignée, et même à chaque plainte
Prêtant un doux accent de confiance sainte,
Nous dire qu'en ce monde où nous mit le Seigneur
Pour mériter la vie au prix de la douleur,
Tout fuit, — comme tes sons qui lentement soupirent,
S'enflent, grondent au loin, s'effacent, puis expirent!...

Il est temps qu'au trône des airs
Monte, par vingt bras soulevée
Et par les câbles enlevée,
La Reine des pieux concerts. —
A l'œuvre, enfants ! — Tirez ! — Plus haut ! plus haut encore !
Arrêtez !... — La voilà dans son clocher sonore.
Préludons en accords joyeux.
Annoncez, premières volées,
Bonheur à nos belles vallées,
Paix à la terre et gloire aux cieux !....

Andlau-au-Val (Bas-Rhin).
Septembre 18[illegible].

www.ingramcontent.com/pod-product-compliance
Ingram Content Group UK Ltd.
Pitfield, Milton Keynes, MK11 3LW, UK
UKHW032021260826
14628UKWH00006B/2624

9 782012 198869